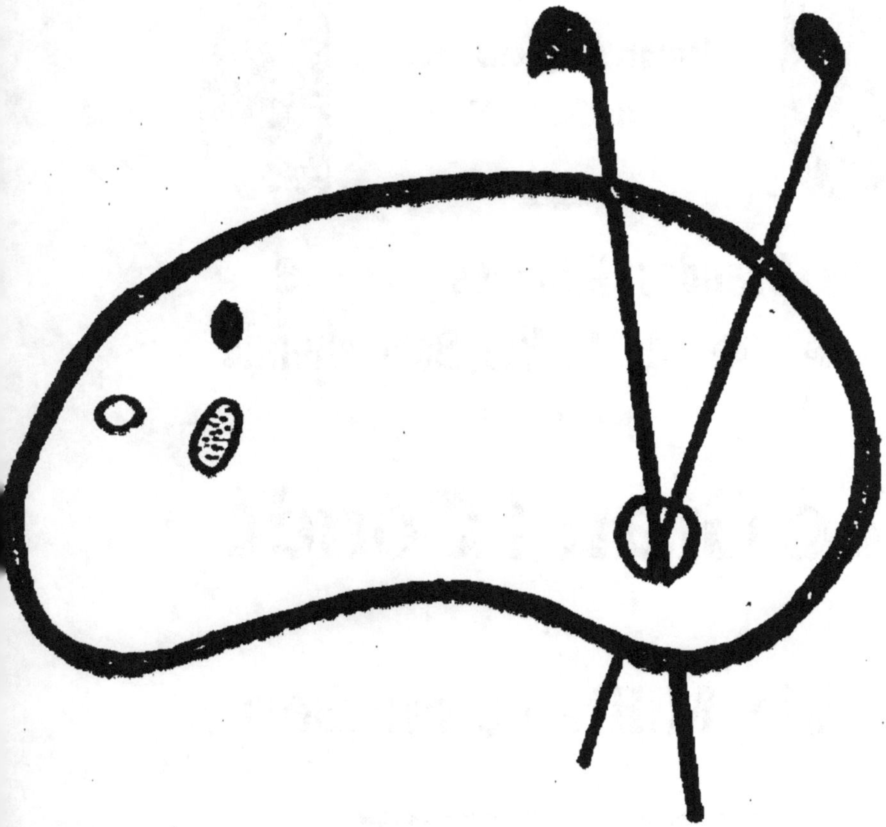

DEBUT D'UNE SERIE DE DOCUMENTS
EN COULEUR

Union Régionaliste
= du BERRY =

Les Grandes Epoques ✦ ✦ de la Vie Berrichonne

Le Grand Condé

et

la Vie Militaire en Berry

PAR

Joseph BERNARD
Licencié ès-lettres
= Avocat à la Cour d'Appel de Paris =

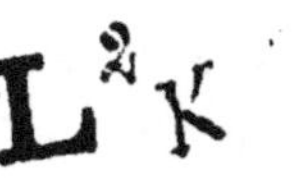

= CONFÉRENCE =
✝ du 29 Mars 1914 ✝

BOURGES
Imprimerie M. H. Sire

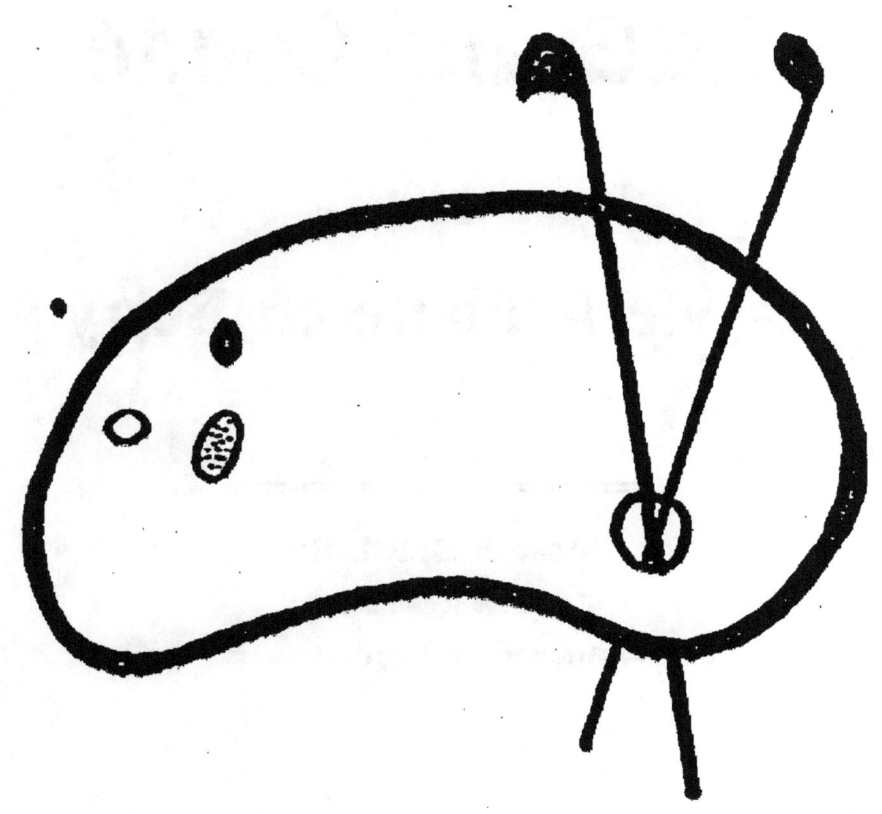

FIN D'UNE SERIE DE DOCUMENTS
EN COULEUR

Le Grand Condé

et

la Vie Militaire en Berry

PAR

Joseph BERNARD

Licencié ès-lettres

Avocat à la Cour d'Appel de Paris

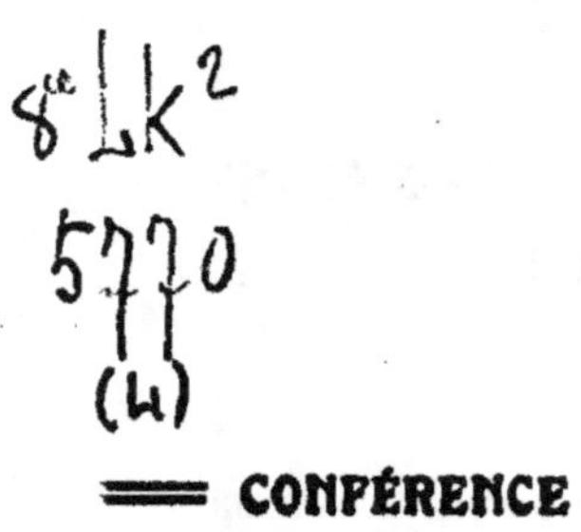

CONFÉRENCE
du 29 Mars 1914

Le Grand Condé
et la Vie Militaire en Berry

Mesdames,

Messieurs,

Vous avez admiré le rayonnement de la vie religieuse, artistique, commerciale, universitaire de l'ancien Berry. La tâche m'a été confiée d'évoquer une période troublée, romanesque et charmante, où notre province connut l'apogée de sa vie mondaine et militaire. Pendant le règne de Louis XIII et la minorité de Louis XIV, le Berry entendit le cliquetis des armes alterner avec le bruit de fêtes merveilleuses dont le souvenir ne s'est point perdu. Cette première moitié du grand Siècle s'ajoute à la liste de nos belles époques ; elle en marque aussi la fin. Dès que le pouvoir royal eut triomphé des Frondeurs et démoli leurs donjons, dès que les derniers et violents remous de la féodalité se furent perdus pour toujours dans le cours tranquille des temps modernes, nos villes et nos campagnes virent tomber cette agitation bruyante et s'endormirent dans la tristesse d'un silencieux déclin.

Au centre de cette période déjà presque fabuleuse,

deux figures se détachent avec éclat : celle d'Henri de Bourbon, prince de Condé, gouverneur du Berry dont il fit sa résidence; celle du duc d'Enghien, son fils, qui passa chez nous son enfance et devint le grand Condé. Ce furent nos derniers princes. Nous n'avons eu depuis, pour nous administrer, que des fonctionnaires.

Henri de Bourbon reçut la capitainerie de la Tour de Bourges et le bailliage du Berry peu de temps après la mort d'Henri IV et comme récompense d'une de ces révoltes dont lui et ses pairs étaient alors coutumiers. C'était lui donner un morceau de roi. Le Berry passait pour une des provinces des plus agréables à gouverner. Sa population était douce, laborieuse, attachée au sol. C'est là qu'avait battu, en des circonstances tragiques, le cœur de la France; c'est là que le sentiment national avait parfois trouvé son suprême abri. Soumis et docile, d'un intelligent patriotisme, mais d'esprit peu guerrier et déshabitué déjà de toute espérance d'autonomie provinciale, le Berry accueillit avec empressement le nouveau maître de ses destinées.

Celui-ci s'installa à Bourges avec les pouvoirs presque illimités d'un monarque et consolida sa puissance par l'acquisition de vastes propriétés. Il trouvait sur les lieux Sully, le sage et grand ministre du précédent règne. Sully avait accompli en Berry une œuvre rapide et considérable : il avait tracé le plan d'Henrichemont, dont il projetait de faire une grande cité protestante. Aux portes de Saint-Amand, il avait acheté Montrond, petite montagne au sommet de roc dur, couronnée de tours et de murailles délabrées. Il avait transformé ce nid d'aigle en une résidence princière. Un château « gigantesque et merveilleux », pour employer les termes de George Sand, flanqué de sept tours, d'un ensemble imposant et gracieux à la fois, entouré d'un parc immense, de vergers et de bassins, régnait sur la vallée du Cher et de la Marmande. Ses défenses étaient formidables. La petite rivière du Chignon remplissait ses fossés profonds. Ses fortifications s'étageaient en amphithéâtre d'une façon si savante et si compliquée que d'Almivar, un des héros des « Beaux Messieurs de Bois Doré » avouait, après les avoir étudiées pendant plusieurs heures, qu'il n'y pouvait rien comprendre.

Mais Sully était en disgrâce et, dans ces temps lointains, les ministres tombés du pouvoir étaient l'objet d'enquêtes plus sévères, couraient de plus grands dangers qu'aujourd'hui. Craignant de s'en voir déposséder par la force, Sully consentit à vendre à Condé, en même temps que Montrond, le Châtelet, Culan, la Roche-Guillebaut, Baugy et la plus grande partie de ses domaines berrichons. Les méchantes langues prétendent que, pour acquitter plus vite principal et arrérages, Condé demanda au roi, sans succès du reste, d'ordonner à son profit la confiscation de ces terres. On s'expliquerait ainsi qu'il ait eu l'idée de faire ériger sur la plus haute tour de Montrond la statue de Mercure qui était aux yeux des anciens, en même temps que le dieu des commerçants, le dieu des voleurs.

Le nouveau gouverneur du Berry, s'étant attaché à notre province, ne la quitta plus; il mérite, à ce titre, que nous rappelions à notre souvenir sa physionomie curieuse et discutée.

C'était un homme aimable, aux yeux riants, à la moustache relevée, au visage commun. Il avait la réputation d'un homme d'affaires accompli. Il aimait à « profiter », s'engageait dans maints procès, rusé, retors, connaissant les replis du cœur humain, d'une grande dévotion dont il tirait avantage, d'un esprit d'économie poussé jusqu'à l'avarice. De goûts simples — nous dirions aujourd'hui démocratiques — il faisait des étudiants de l'Université sa compagnie familière. Il se plaisait même à jouer avec eux, mais il les trichait, et ne craignait pas, nous dit Tallemant des Réaux, de leur faire payer son écot. Un jour, chassant dans les forêts autour de Bois sire Amé, il perdit la croix de l'ordre qu'il portait au cou. Un brave paysan fut assez heureux pour la rapporter ; le prince de Condé laissa à la ville de Bourges le soin de lui donner sa récompense ; geste peu élégant, certes ! Mais n'est-ce point avec ces gestes que se font les bonnes maisons ? Il n'en menait pas moins un train de vie assez large et ne dédaignait pas les plaisirs. Après avoir chassé tout le jour, il passait au théâtre la plupart de ses soirées. Il entretenait même deux troupes de comédiens, l'une française et l'autre italienne. Il préférait d'ailleurs, aux tragédies, les bouffonneries et les farces. Deslauriers, auteur comique à la mode, lui dédia les *Nouvelles et plaisantes Imaginations de Bruscambille*, le remerciant « d'avoir ouï quelques prologues bigarrés de diverses couleurs » et le félicitant de chérir la scène plus que tous les autres princes. On lui reprochait aussi d'aimer les repas prolongés. C'était, en somme, une figure assez sympathique. Sa femme, la belle Charlotte de Montmorency, n'habitait pas Bourges, l'air de la Cour étant, disait-elle, nécessaire à sa santé. Aussi les deux époux s'entendaient-ils fort bien.

Le jour de la Nativité de l'an 1621. leur naquit un enfant qui reçut le titre de duc d'Enghien avant d'être le grand Condé. Ce fut un petit événement « Je ne doute » pas que vous soyez fort content, et en avez sujet, » écrivit le roi à son père, ce sont grâces du ciel. » La lettre du connétable de Luynes fut plus enthousiaste : « Je souhaite malédiction, s'écrie-t-il, à celui qui ne fera » pas des feux de joie dans son cœur pour la naissance » de ce petit prince que Dieu a mis au monde. C'est un » étançon à la couronne de France, c'est faire regorger » la source du sang royal, c'est enlever aux méchants » l'espoir de la voir tarir un jour. » Jean de Fradet informa ces Messieurs de la Municipalité de Bourges de l'heureuse nouvelle. Ils dépêchèrent trois délégués chargés d'aller complimenter le prince qui se reposait d'une expédition contre les huguenots de Sancerre.

Henri de Condé décida de faire élever son fils à Montrond. Il aimait l'air doux et bénin que l'on y respire, craignait pour cet enfant délicat et chétif les soins maladroits d'une mère trop mondaine, et peut-être aussi, ne se sentant pas à l'abri de nouvelles disgrâces, jugeait-il prudent de confier à ce labyrinthe de pierre, à ce repaire de grand vassal, comme dit encore George Sand, le destin fragile de l'héritier de son nom.

La demoiselle Luisible et quelques autres femmes de condition modeste, dociles, intelligentes et dévouées, veillèrent sur son berceau et guidèrent ses premiers pas sous la surveillance de la dame Perpétue Lebègue, épouse de Chantgrand, conseiller au Présidial, et de François de Vignolles, commandant la place de Montrond.

Lorsque l'enfant eut cinq ans, son père fit procéder, à Bourges, aux cérémonies de son baptême et ce fut l'occasion des plus belles fêtes qui se déroulèrent jamais sous notre ciel berrichon. Le roi devait être son parrain et la reine-mère sa marraine. Ne pouvant se rendre à Bourges, ils se firent remplacer, le roi par Henri de Montmorency, la reine par Charlotte de La Trémoille.

La description de ces fêtes se retrouve dans la curieuse brochure d'un contemporain : *La magnifique et superbe entrée du duc d'Enghien en la ville de Bourges, en attendant le jour heureux de son baptême.* Le récit de l'auteur anonyme révèle l'importance et la richesse de la capitale du Berry au temps de Louis XIII.

Le jeune duc partit de Montrond le dernier jour d'avril de l'année 1626. Il s'arrêta d'abord à la Grange Saint-Jean, où l'archevêque de Bourges, le Maire, un certain nombre de notables et les échevins vinrent le visiter. Le lendemain il arriva au Grand Credo, qui était un lieu de plaisance aux portes de la ville. De là, escorté par Louis de

Culan, baron de Crécy, capitaine des gardes du prince
et par le prévôt provincial « couvert de clinquant d'or »,
accompagné de ses lieutenants « de longue et de courte
robe », assisté et suivi de tous ses archers, avec leurs
casaques de velours cramoisi, leurs épées soutenues
par une main brodée d'or et de soie, il s'achemina vers
la tribune aux harangues préparée à l'entrée du fau-
bourg d'Auron, où toutes les communautés de la ville
vinrent lui offrir leurs hommages. Il était salué, en
même temps par les salves de vingt-deux pièces de
canon braquées sur les remparts et de quinze autres
pièces près de la grosse tour. Il fut tiré en ce jour plus
de six cents coups de canon.

La tribune aux harangues était ornée de tapisseries à
fond bleu et fleurs de lys d'or. Le duc s'y reposa quelque
temps ; le Maire lui présenta sur un coussin de satin
blanc les clefs de la ville, puis le cortége se mit en marche par ordre. Derrière le prévôt provincial marchait
l'infanterie conduite par ses capitaines. Un régiment de
200 enfants, portant des uniformes et des rubans aux
couleurs du duc d'Enghien, de petites piques et de
petites épées, avec leurs capitaines, lieutenants et ensei-
gnes qui étaient aussi des enfants, suivaient, précédés
d'un grand nombre de tambours. « Tôt après s'avançait
l'Eglise », savoir : les Minimes, Capucins, Carmes, Jaco-
bins, Cordeliers et Augustins, suivis des dix-sept parois-
ses de la ville et du Chapitre. Puis l'Université, avec six
bedauds vêtus de robes longues, le recteur en robe
écarlate avec des parements de velours noir, la Faculté
de théologie, celle de droit et de médecine, le bedaud
des Allemands et les étudiants de cette nation, le corps
de justice comprenant — nous apprend l'auteur de *La
magnifique et superbe Entrée* — douze huissiers, trois
greffiers, quarante-deux procureurs, cinquante notaires,
et cent avocats. Enfin le Présidial et la Municipalité.

Le jeune duc suivait dans son carrosse traîné par six

chevaux blancs. Le brillant cortège suivit la rue d'Auron et la rue des Arènes. A la porte Tournoise se trouvaient des joueurs de hautbois et, un peu plus loin, des chanteurs. Au coin de la rue Sainte-Claire on avait dressé un arc de triomphe. Au moment où le héros de la fête passait sous la voûte, le ciel peint qui la formait s'entr'ouvrit et l'on vit en descendre un enfant, vêtu de satin blanc, qui lui offrit le cadeau de la ville. C'était « un berger d'argent doré tout massif, haut d'une coudée, et un autre petit berger représentant mondit Monsieur le Duc et son père, des houlettes à la main et encore trois gros moutons et un chien, le tout d'argent massif ». L'enfant tombé du ciel adressa à l'autre enfant des vers appropriés. A la porte Neuve et à la porte Jaune, il y eut de nouveaux concerts d'instruments ; on passa devant la cathédrale, dont les portes étaient grandes ouvertes ; l'archevêque Rolland Hébert, assisté de l'évêque d'Albi reçut le jeune prince, et lui adressa un discours. On chanta un *Te Deum* et l'enfant put enfin se rendre au logis du roi. Mais il dut encore y subir de nouvelles harangues au nom des trésoriers des finances, des écoliers de l'Université et des capitaines de la Ville. « Les anciens, lui dit un des orateurs, à l'arrivée de leur prince, faisaient bâtir des temples à la Fortune. Nous autres, nous bâtirons un temple au milieu de nous-mêmes pour y conserver la mémoire du bonheur que nous avons reçu ce jour. »

Le baptême eut lieu le mardi 5 mai, à la cathédrale. L'enfant répondit lui-même à toutes les questions et récita le *Credo*, en latin, sans se tromper d'une syllabe. Son père, sortant de ses habitudes de simplicité, avait revêtu un habit magnifique en drap de lin, tout battu d'or et d'argent. Un somptueux festin fut servi, après la cérémonie, dans la salle principale du logis du roi. « On avait dressé, dit Raynal, une grande table en forme de T ; le duc d'Enghien en occupait l'extrémité, entre le duc de Montmorency et Charlotte de la Trémoille, chacun sous un dais. On alla ensuite aux fenêtres, voir manœuvrer l'infanterie de la ville ; le soir, on servit un grand souper, puis le bal s'ouvrit ; toutes les demoiselles de la ville y avaient été conviées ; il se termina par une collation. Le peuple avait, au dehors, feu de joie, feu d'artifice, fusées et canonnades, trompettes et hautbois, qui jouaient sans cesse. » Ainsi finirent ces fêtes splendides dont il serait intéressant d'entreprendre quelque jour une reconstitution aussi fidèle que possible.

Une fois baptisé, le jeune duc d'Enghien reprit, à Montrond, sa vie simple et régulière. L'ingénieur Sarrazin, qui travaillait aux remparts, dirigeait ses jeux et répondait à ses questions. Son goût pour les armes se faisait déjà sentir. Lorsque son père, au retour d'un voyage en Languedoc, s'arrêta dans sa forteresse du Berry, les gens de sa suite s'émerveillèrent de voir un petit capitaine de sept ans qui rangeait en bataille les enfants de Saint-Amand dans les fossés du château, les interpellait en latin et leur faisait livrer l'assaut contre des ennemis imaginaires.

A peine âgé de huit ans, il entra, comme un petit bourgeois, au collège. Les Jésuites dirigeaient alors à Bourges, dans la rue Mirebeau, près de l'église Notre-Dame de la Comtal, aujourd'hui démolie, et sur l'emplacement du Lycée actuel, une Institution des plus florissantes. Chassés de la ville aux cours des guerres de religion, ils y étaient revenus bientôt par la loi naturelle de leur Compagnie. La vieille Université leur faisait la guerre ; voyant se clairsemer ses élèves, elle jalousait les succès de ces concurrents redoutables, à la marche persévérante, aux méthodes nouvelles. Elle s'adressait aux Parlements, réclamant contre ces écoles libres des mesures de défense au profit de l'enseignement officiel. On dit qu'il se pose encore des questions de cette nature. Mais les Jésuites n'en souffraient guère : trente-cinq de

leurs professeurs instruisaient alors, à Bourges, sept
cent treize élèves. C'est chez eux que Henri de Condé,
rompant avec la tradition bien avant Louis-Philippe
qui devait suivre son exemple à deux siècles d'inter-
valle, voulut que son fils connût l'émulation bienfai-
sante des études faites en commun.

Raynal nous apprend que le petit prince descendait
au logis du roi, en attendant que la maison de Jacques
Cœur, où il devait résider, fût prête pour le recevoir.
On vint le complimenter « mais ce qui lui fit assurément
plus plaisir que tous les discours, ce fut un présent de
diverses confitures, dragées et autres friandises les plus
rares et les plus exquises que l'on avait pu choisir et
trouver dans cette ville ». Les habitants de Bourges ne
cessèrent, du reste, de le gâter. A l'occasion des étren-
nes, au 1er janvier 1630, on lui offrit « force douceurs,
comme des tartes de massepain, des bouteilles d'hypo-
cras, des boîtes de codignac, un bassin d'argent plein de
poires de bon chrétien ; on lui présenta, en outre, un
beau carrosse à ses armes, peint en bleu, sculpté en
relief, l'intérieur garni de velours cramoisi, le dessus en
cuir de Russie, ainsi qu'un harnais de deux chevaux que
la ville lui donnait en même temps, pour rendre son
cadeau plus complet. »

Le jeune prince venait au collège tous les soirs et tous
les matins comme les autres écoliers. En classe, il était
séparé de ses condisciples par une petite balustrade
dorée. Il y a quatre-vingts ans, on voyait encore, parait-
il, dans une des salles du Lycée, les armes de sa maison
au-dessus de la place qu'il occupait. Mais, hors cette
distinction, il était astreint aux mêmes exercices que ses
camarades et suivait les leçons des mêmes régents. Son
père avait exigé qu'il ne fût pas dispensé des thèses
mensuelles, ce que nous appelons des compositions. Il
examinait ses notes, lui écrivait fréquemment, prescri-
vait de lui remettre quelques pistoles pour chaque suc-

cès de classe et veillait à ce que rien ne vînt troubler la bonne marche de ses études, pas même les visites de sa mère, d'ailleurs assez rares. « Si ma femme, écrivait-il, vient à Bourges, on lui dira les heures que j'ai ordonnées pour les études; les visites se feront et seront reçues aux autres heures. »

L'enseignement des Jésuites était sérieux et complet. Dès son plus jeune âge, le duc d'Enghien dédie à son père un recueil de poésies latines, et l'on a conservé le souvenir d'une petite pièce de théâtre, *Hyacinthus liberatus*, également en latin, que les élèves du collège représentèrent à la distribution des prix et dans laquelle il joua un rôle.

A onze ans et demie, il entre en rhétorique; les deux années qui suivent, il apprend la philosophie et la science. A la fin de ses classes, à quinze ans, il écrit ses « assertions », autrement dit ses thèses, précédées d'une belle dédicace au roi. Tout fier de ses succès précoces, son père les fit imprimer chez Rocolet, pour les distribuer à la Cour à des gens de qualité qui baillèrent à leur lecture, et les envoya jusqu'à Rome.

C'était là un large programme d'études qu'aurait approuvé Rabelais; Montaigne, peut-être, un peu moins. Son père y voulut ajouter le droit et lui donna pour professeur Mérille, qui occupait alors la chaire de Cujas à la Faculté. Ce juriste, d'une grande science et d'une vanité naïve, prit aussitôt le titre de « docteur du prince et de prince des docteurs » et fit travailler si bien son élève que celui-ci pouvait écrire, peu après, un traité des substitutions.

Condé passait à Montrond toutes ses vacances. Sorti de l'Institution des Jésuites, il y demeura encore près d'un an. Il pouvait y inviter des petits amis; il avait, pour surveiller ses ébats, un précepteur attitré, le père Pelletier, un gentilhomme dauphinois, de la Buffetière, ainsi qu'un médecin particulier, M. de Montreuil, qui ne se faisait pas faute de lui administrer fréquemment le traitement que les comédies de Molière ont couvert d'un ridicule éternel. Il se livrait avec ardeur à un certain nombre de sports : jeu de paume, équitation, chasse. Ce dernier exercice fut même cause d'une grande querelle entre le gentilhomme et le jésuite. De la Buffetière voulait supprimer les chiens. Le père Pelletier écrivit au prince Henri de Condé que M. de Montreuil et M. Mérille étaient indignés de la dureté de M. de la Buffetière pour ce petit prince si obéissant et si appliqué. » La réponse du père fut rigoureuse : il ordonna la suppression de la meute. « Faut casser les chiens de mon fils. » Puis, en manière de transaction, Condé put en garder neuf, à la condition de renvoyer tous les autres. Il faisait aussi de longues marches à pied autour du château, à travers la riante campagne saint-amandoise. Parfois l'occasion s'offrait à lui de montrer sa vaillance et sa générosité. Au cours d'une de ces promenades, par une froide journée d'hiver, il fit la rencontre de sept ou huit paysans qui suivaient tristement leurs bœufs emmenés par les records ; les impôts étaient écrasants. Richelieu ne songeait pas alors au dégrèvement de la terre. Bien au contraire, le fisc allait jusqu'à vendre, chose inouïe, les chevaux et les bœufs de labour. « Mais aussi, mes amis, dit le jeune prince aux paysans, que ne payez-vous le roi ? » — « Nous ne pouvons payer, lui répondirent-ils, pour la paroisse entière ; la vente des bestiaux est notre ruine, il ne nous reste plus qu'à servir ». Condé leur remit toutes les pistoles qu'il avait gagnées en plusieurs mois de travail. Une autre jour, il apprit qu'une sédition avait éclaté à Saint-Amand et que le procureur fiscal, le percepteur de l'époque, courait un grand risque d'être mis à mort. Il accourut aussitôt avec quelques archers invalides et délivra le prisonnier.

Il lui fallut enfin quitter Montrond, où il ne demeurait jamais assez longtemps à son gré. Plus tard, sans doute, dans le bruit de la cour et des armées, sa pensée dut se reporter bien souvent sur l'aimable séjour de son enfance qui ne lui rappelait que des souvenirs reposants et doux : « Ce n'est pas sans regret, écrivit-il à son père, que j'ai abandonné ce lieu de délices. L'agréable température de l'automne naissant m'invitait à y demeurer plus longtemps. Mais il me fallut obéir à vos ordres qui pendant le cours de ma vie seront tout ce qu'il y a de plus sacré pour moi: » Il était alors devenu, nous dit le Père Pelletier « robuste et gaillard, fortifié quant au corps et quant à l'esprit. »

Au début de l'année 1636, il vint à Paris pour faire sa première révérence au roi. Il ne devait revoir Montrond qu'aux heures troublées de la Fronde. Sa révolte coupable allait faire crouler le château qui avait abrité si paisiblement ses premières années.

Il nous faut maintenant franchir un peu de temps pour voir le Berry redevenir le théâtre de spectacles d'une couleur intense et d'un intérêt national.

Nous sommes en 1650 ; Condé s'est dressé contre la puissance de Mazarin, et la Fronde des princes succède à la Fronde parlementaire. Déjà vainqueur de Rocroi, son jeune front couvert de lauriers qui ne devaient point se flétrir, l'ancien écolier des Jésuites de Bourges se voit, ainsi que son frère le prince de Conti et son beau-frère le duc de Longueville arrêter et emprisonner. Sa femme, Claire-Clémence de Maillé-Brézé, s'échappe de Chantilly pour se réfugier à Montrond. Montée en croupe derrière le comte de Colligny, accompagnée d'un petit groupe de fidèles, elle fait en trois jours ce romanesque voyage. Montrond devient le centre de la rébellion. On y voit accourir des seigneurs et des troupes de tous les points du Berry et du Bourbonnais; on les dissémine dans les alentours. « Ce n'était pas, nous dit un historien, chose facile, car la princesse avait autour d'elle des femmes d'une beauté accomplie, Mme de

Gourville surtout, et beaucoup de gentilhommes étaient retenus par de vifs sentiments de galanterie. » Du reste, Montrond, malgré les soucis politiques, n'était pas sans plaisir. « Tantôt c'étaient des collations sous les belles allées couvertes et au bord de la petite rivière le Chignon. Tantôt on courait un chevreuil dans le parc. »

Au milieu de cette petite cour, Bussy-Rabutin, l'auteur de l'*Histoire amoureuse des Gaules*, bien qu'il fût l'organisateur de la résistance, devait se préoccuper davantage des cœurs à conquérir que des places à fortifier.

Après des vicissitudes diverses, la fuite de la princesse et la soumission rapide du Berry aux troupes royales, l'amnistie survint. L'épouse de Condé reparut à Bourges, où de nouvelles fêtes furent données en son honneur par le maire et les échevins. Ceux-ci n'avaient cessé de lui témoigner, sous des formes diverses, les plus grands égards. Pendant son séjour à Montrond ils étaient allés lui présenter leurs devoirs et « l'avaient régalée de forces confitures ». Lors de son retour à Bourges, elle passa sous cinq portiques chargés de musiciens, à travers les rues tapissées de lauriers et devant une fontaine de vin qui coulait dans le haut de la rue d'Auron. Un banquet lui fut offert à l'Hôtel de Ville. Mais n'y a-t-il pas de quoi rougir pour nos lointains aïeux? L'histoire conte que le peuple envahit la salle du festin et mangea la plupart des plats. La princesse dut dîner à part « d'une manière fort incommode ».

Cette amnistie, ces fêtes furent une éclaircie dans un ciel d'orage. L'année suivante Condé, sorti de prison, décide à Montrond même, devenu pour un instant le centre de la vie politique française, de tirer, pour la seconde fois, l'épée du fourreau contre le pouvoir royal. Révolte qui ne trouve d'explication que dans son ambition personnelle et l'énivrement de son orgueil; lourde faute que l'histoire ne lui a point pardonnée.

C'est en cette circonstance que les habitants de Bourges firent preuve d'un clairvoyant patriotisme et tinrent une conduite digne d'être mentionnée comme un nouveau titre de gloire dans leurs longues et nobles annales.

Condé et ses lieutenants déployèrent en vain leurs efforts pour les gagner à leur cause. Guidés par leur maire Biet de Maubranches et par leurs notables, ils surent discerner l'intérêt supérieur de la Patrie. On usa contre eux d'intimidation, d'artifice et de menaces. On alla même, tant on ignorait alors la pureté de nos mœurs politiques actuelles, jusqu'à leur proposer des distributions d'argent. Mais les Berrichons d'alors étaient des gens de bon sens et leur maire avait une âme de Romain. Toutes les tentatives échouèrent, les princes durent quitter Bourges, cependant que le roi et sa mère s'avançaient à petite étapes vers notre pays.

Venus de Paris par Fontainebleau et Gien, ils rencontrèrent peu de résistance et reçurent à Aubigny une députation des habitants de Bourges venus leur annoncer la complète soumission de leurs concitoyens. La reine Anne fut si heureuse, qu'elle ne laissa pas l'orateur de la députation, le conseiller Becuau achever sa harangue. Le lendemain, le roi coucha à La Chapelle-d'Angillon; le surlendemain, il entrait à Bourges par la porte Saint-Privé. Il y résida jusqu'aux derniers jours d'octobre et récompensa « ses chers et aimés habitants » de leur fidélité en exauçant de suite un de leurs plus vifs désirs.

Cette marque de bienveillance priva la ville d'un de ses édifices les plus imposants. Sans elle, nous verrions s'élever aujourd'hui encore, sur l'emplacement de la caserne Condé, la Grosse-Tour de Bourges, le vieux et sombre donjon de Philippe-Auguste. Haute de 33 mètres à partir du sol, avec une basse fosse de 7 mètres de profondeur, des murailles d'une épaisseur de 6 mètres à la base et de 4 mètres au sommet, elle passait comme imprenable autrement que par trahison. Depuis plus de deux siècles, elle faisait l'effroi des habitants pacifiques, depuis plus de deux siècles, ils en réclamaient, à tous les États généraux, la démolition.

« Les Anglais, disaient-ils, ne sont pas des anges pour voler jusqu'à cette tour si éloignée de l'ennemi, si utile, par contre, aux gouverneurs en révolte pour opprimer la province et résister à la volonté du roi. »

Louis XIV donna l'ordre de jeter à bas cette bastille berrichonne « encore plus redoutable pour la ville que pour la campagne, pour les citoyens que pour les ennemis. » Mais cette sentence ne fut pas d'une exécution facile. On ne pouvait songer à saper ces hautes murailles que les siècles avaient durcies. A peine en arrachait-on quelques débris. Le roi se plaignit de cette lenteur et fit don aux habitants, pour encourager leur zèle de tous les matériaux de la tour de l'enceinte et des jardins. Les échevins traitèrent avec un mineur venu du Palatinat, du nom de Daniel Legat, lequel s'engagea pour deux mille livres tournois à démolir la moitié de la tour du côté de la ville, à en faire tomber et crever toutes les voûtes. « En sorte que la dite tour soit et demeure inutile sans pouvoir faire à l'avenir aucun préjudice aux habitants. »

Le 12 novembre 1651, Legat fit éclater des mines auprès de trois piliers, mais la tour resta debout; l'explosion s'entendit à peine. Le 9 décembre suivant, vers trois heures de l'après-midi, il alluma de nouveau sa mèche. Les autorités avaient fait publier que chacun eut à s'éloigner, ce qui n'empêcha pas les gens d'aller auprès de la tour pour voir ce qu'il adviendrait. Deux heures s'écoulèrent, Legat allait se retirer quand les mines éclatèrent avec un bruit effrayant. Des pierres énormes furent projetées à deux ou trois cents pas de distance. Deux chanoines de Saint-Étienne furent tués à leurs fenêtres ainsi qu'un vicaire de la cathédrale, quatre ou cinq écoliers, le principal du collége de Montermoyen et plusieurs habitants à l'intérieur même de leur maison. La joie de la population en fut atténuée. Qu'il nous soit permis à nous, qui n'aurions guère à nous émouvoir de son voisinage, d'éprouver en songeant à la disparition de ce monument grandiose un mélancolique regret.

Cependant, le pouvoir central ne pouvait établir que sur des ruines son triomphe définitif et le château de Montrond continuait à le braver. Louis XIV envoya pour l'assiéger Clairembaut, marquis de Palluau. La garnison, placée par Condé sous les ordres de Baas, marquis de Persan, lui tint tête pendant dix mois. Ce siège, le dernier que vit le Berry, fut marqué par des incidents qui jettent une curieuse lumière sur les mœurs des seigneurs, des soldats et des paysans. Sous les plus brillants dehors d'une société déjà raffinée dans son élite, quelle barbarie subsistait! J'emprunte, à notre historien saint-amandois, M. Mallard, le récit d'une prouesse accomplie par le commandant de la garnison de Montrond. Tandis que l'armée royale encerclait peu à peu la ville de Saint-Amand, hors d'état de se défendre, de Persan, craignant qu'elle ne soit la première à piller les habitants, jugea bon de la prévenir. Il fit ordonner une procession générale qui irait du couvent des Carmes à celui des Capucins. Pendant cette pieuse cérémonie, ses soldats pénétrèrent dans les couvents et dans les maisons des habitants les plus riches, firent main basse sur tout ce qu'ils purent trouver et rapportèrent au château un butin d'au moins cent mille livres, voulant sans doute, eux aussi, sacrifier au dieu des voleurs qui les protégeait du haut de sa tour. Ce ne fut, pendant tout le siège, que pillages, incendies, rapines, qui ruinèrent pour longtemps la région entière. La garnison de Montrond, à court de vivres prenait des bestiaux dans les champs et le blé des granges. Peu à peu, il est vrai, les paysans s'aguerrirent et ne craignirent pas, en certains endroits, de lutter contre les soldats. On disait que ceux de Touchay charmaient les armes à feu et mettaient hors de service les arquebuses des soudards pour les assommer sans péril. Le vaste étang de Villiers, aujourd'hui desséché, reçut des centaines de cadavres et l'on y pêcha longtemps d'énormes brochets dont le corps avait renfermé des ossements humains.

Après quelques sorties heureuses, la garnison de Montrond dut enfin capituler. La beauté du château ne pouvait désarmer le ressentiment du roi. Il eut à subir le destin des donjons vaincus, celui de la tour de Bourges. Louis XIV enjoignit aux Berruyers d'envoyer douze milliers de poudre destinés à le démolir, « ne doutant pas, écrivit-il, que vous contribuiez volontiers à délivrer la province d'une place qui lui a causé tant de maux. »

La résistance de Montrond, avait été la convulsion suprême de la féodalité; sa chute marqua la fin de la Fronde, l'avènement d'un pouvoir central sans contre-poids ni limites. En fait de guérillas locales, de petits combats intérieurs, notre pays de devait plus connaître que les luttes électorales.

Les fortifications de Montrond furent détruites de fond en comble, mais le château ne disparut pas tout entier. Longtemps encore, on vit s'allonger sur la belle vallée du Cher l'ombre de ses tours abandonnées. Au commencement du siècle dernier, pour suivre la loi fatale, « *ipsae perierunt ruinæ* ». Ce fut autour des murailles la montée silencieuse du lierre, l'invasion patiente d'une végétation touffue. Aujourd'hui, ce lieu d'épopée a le charme frais d'un décor d'idylle. Des allées capricieuses serpentent sous les frênes et les maronniers. Les rossignols y chantent au clair de lune et, par les nuits d'avril, des bouffées de parfum descendent des lilas en fleurs. Seule, il y a trente ans, une cavalcade historique, se déroulant au travers de ce labyrinthe de verdure, réveilla peut-être la grande ombre de Condé.

Ce rappel de souvenirs n'aurait qu'une utilité restreinte, s'il ne nous était permis d'en tirer des conclusions conformes à notre idéal régionaliste. Découvrir, dans l'histoire, des raisons d'aimer mieux encore nos ancêtres et notre sol, c'est répondre au but que se propose notre Union, fortifier ces liens qui nous rattachent au passé sans entraver en rien notre marche vers le progrès, ces racines puissantes par lesquelles nous tenons à la terre natale, sans qu'elles affaiblissent en nous l'amour de la grande Patrie. Au cours de la période tourmentée dont quelques tableaux viennent de passer sous vos yeux, on retrouve chez nos aïeux des traits de caractère qui les ennoblissent et sont autant d'exemples pour leurs descendants. Envers les Condé, notre province se montre douce, accueillante, hospitalière ; elle ne se contente pas d'une soumission muette, elle leur donne son cœur ; il n'est pas de présent dont elle ne les comble, de prévenance délicate qu'elle ne leur témoigne, sans intérêt égoïste ni servilité. Plus tard, elle se détache de leur cause, parce qu'elle la juge, et avec raison, contraire au bien général. Avec une conscience très claire des besoins publics, elle se rattache au seul pouvoir capable d'assurer à la France une sécurité durable. Les Berrichons se sont montrés, en ces temps d'intrigues et de violences, des hommes sages et des hommes de paix. Sur ce point la tradition des pères est restée, comme elle restera toujours, la tradition des enfants.

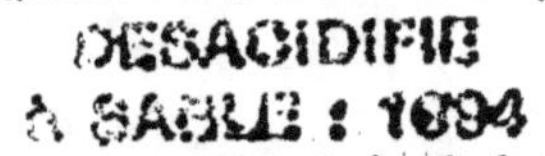

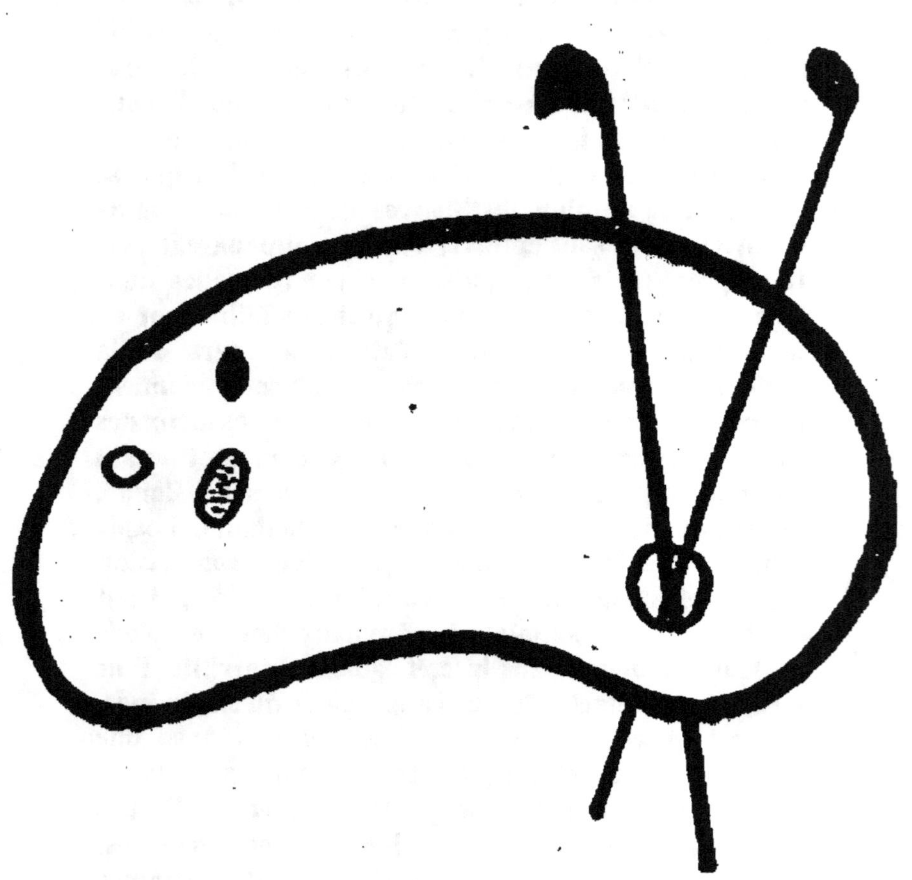
ORIGINAL EN COULEUR
NF Z 41-120-8